Punkt, Linie, Halt.

[pʊŋkt 'liːni̯ə halt]

Substantiv, n.

Ein sicherer Ort zwischen den Seiten – nur für dich.
Ohne Erwartungen. Ein Raum, den du nutzen darfst, so wie es dir gerade gut tut.

Tamara Habbach

Punkt, Linie, Halt.

Design für mehr innere Ruhe und Präsenz:
40 traumasensible Gestaltungsimpulse

Impressum

Punkt, Linie, Halt.
Design für mehr innere Ruhe und Präsenz:
40 traumasensible Gestaltungsimpulse

Autorin & Gestaltung: Tamara Habbach

Riegerweg 32, 82024 Taufkirchen

ISBN: 9783690285223

Auflage 1, 2025

Independently Published

Lektorat: Nadja Bobik

Druck: Totem.com.pl

Bestellung und Vertrieb: Nova MD GmbH, Vachendorf

Bibliografische Information der Deutschen Nationalbibliothek: Die Deutsche Nationalbibliothek verzeichnet diese Publikation in der Deutschen Nationalbibliografie; detaillierte bibliografische Daten sind im Internet über dnb.dnb.de abrufbar.

Haftungsausschluss

Dieses Workbook ersetzt keine therapeutische Behandlung. Es versteht sich als unterstützendes, ressourcenorientiertes Angebot zur Selbstregulation und kreativen Begleitung in schwierigen Momenten. Die Nutzung erfolgt eigenverantwortlich.

Deine Einladung zum Spüren und Gestalten

Hinweise zu Methoden, Quellen und Inspiration

Viele der Übungen in diesem Workbook wurden inspiriert durch anerkannte Methoden aus unterschiedlichen therapeutischen und achtsamkeitsbasierten Ansätzen. Sie wurden im Rahmen dieses Projekts gestalterisch neu interpretiert, um im Kontext von Kommunikationsdesign unterstützend zu wirken.

Es handelt sich nicht um eine therapeutische Anleitung, sondern um kreative Impulse zur Selbstwahrnehmung und Selbstregulation – für Menschen, die sich in (relativer) Sicherheit befinden und mit sich selbst in Kontakt kommen möchten.

Einige Übungen lehnen sich inhaltlich an Methoden an, die unter anderem aus folgenden Ansätzen stammen:

- Dialektisch-Behaviorale Therapie (DBT)
- Kognitive Verhaltenstherapie (KVT)
- Achtsamkeitspraxis / Mindfulness-Based Stress Reduction (MBSR)
- Psychodynamisch Imaginative Traumatherapie (PITT) nach Dr. Luise Reddemann

Die imaginativen Übungen wurden besonders behutsam und in Anlehnung an die therapeutische Arbeit nach Dr. Luise Reddemann formuliert. Dabei handelt es sich ausdrücklich nicht um eine autorisierte oder therapeutisch geschulte Anwendung, sondern um eine designbasierte Übertragung einzelner Elemente.

Dieses Workbook verfolgt keinen therapeutischen Anspruch. Es ersetzt keine Therapie und ist nicht als Selbstheilungshilfe gedacht. Die Gestaltung soll lediglich Anregung und Unterstützung bieten, sich selbst wieder mehr zu spüren, Selbstwirksamkeit zu erleben und ins Hier und Jetzt zurückzufinden.

Vorwort

Im Kommunikationsdesign gestalten wir nicht nur, um etwas sichtbar zu machen, sondern, um gezielt zu kommunizieren: Wir vermitteln Informationen, lenken Aufmerksamkeit, schaffen Orientierung und machen Inhalte lesbar, spürbar, zugänglich.
Dabei ist Gestaltung nie beliebig. Sie basiert auf Regeln, Funktionen, Wahrnehmungsprinzipien. Sie folgt immer einem Zweck und ist begründbar.

Das unterscheidet Design von Kunst: Kunst darf frei sein.
Sie ist nicht zweckgebunden, sie kann offen, mehrdeutig, irritierend oder experimentell sein. Sie darf Fragen stellen, anregen, herausfordern oder sogar verstören, ohne sich erklären zu müssen.
Kunst ist Ausdruck. Kunst darf autonom sein.

Design dagegen hat immer ein Ziel.
Es will kommunizieren, orientieren, strukturieren. Im Kommunikationsdesign gestalten wir gezielt für eine Zielgruppe, mit einem klaren Anliegen. Jede gestalterische Entscheidung – sei es ein Farbton, ein Zeilenabstand, eine Bildwahl – sollte sich idealerweise begründen lassen. Design ist funktional, und auch wenn es ästhetisch ansprechend oder emotional berührend sein kann: Design ist kein Selbstzweck.

In diesem Workbook wird Gestaltung bewusst nicht als künstlerischer Ausdruck verstanden, sondern als Werkzeug der Selbstregulation.
Nicht das freie Erleben steht im Mittelpunkt, sondern ein strukturierter Zugang zu Form, Farbe, Rhythmus und Komposition, der helfen kann, innere Zustände zu ordnen oder bewusst zu beeinflussen.
Auch in diesem Kontext hat Gestaltung eine Wirkung. Aber sie ist ausnahmsweise nach innen gerichtet.

Wir selbst sind diejenigen, die wir emotional erreichen wollen: mit Klarheit, mit Struktur, mit Farbe, mit Rhythmus. Mit einem Gefühl von Halt oder Freiheit, Fokus oder Raum.
Oder anders gesagt: Wir gestalten für uns selbst – oder für die inneren Anteile, die gerade Halt, Orientierung und Erlaubnis brauchen.

Viele Angebote in diesem Workbook leiten dich dazu an, etwas Abstand zu gewinnen, in einen reflektierenden Zustand zu kommen und dich zu fragen: Mit welchen gestalterischen Mitteln kann ich gerade für mich da sein?
Vielleicht mit einer beruhigenden Wiederholung.
Mit einer Farbe, die dich stärkt.
Mit einer Linie, die deinem Atem folgt.
Es ist ein Versuch, mit den Mitteln des Designs Räume zu öffnen, in denen du dich selbst wieder etwas klarer wahrnehmen kannst.

Gestaltung wird so zu einem Werkzeug der Selbstfürsorge, ganz ohne Anspruch auf Vollständigkeit oder Perfektion.

Die Übungen in diesem Buch nutzen klassische Mittel des Kommunikationsdesigns (wie Nähe und Abstand, Wiederholung, Kontrast, Farbe, Gewichtung, Typografie und Komposition) in einem neuen Kontext: nicht zur Außenkommunikation, sondern um sich selbst zu beruhigen, zu ordnen oder zu stärken.

Du brauchst kein Vorwissen. Die wichtigsten Infos, um anzufangen, findest du in diesem Buch. Alles, was du brauchst, ist Neugier und die Erlaubnis, dir selbst freundlich zu begegnen: mit Stift, Farbe und einer Seite, auf der du einfach ausprobieren darfst.

Was dieses Buch nicht ist

Dieses Buch ist kein Ratgeber. Es liefert keine schnellen Lösungen und macht keine unseriösen Heilungsversprechen. Es ist kein therapeutisches Handbuch. Es ersetzt keine Kunsttherapie, keine Therapie überhaupt. Und es ist auch kein Selbsthilfeprogramm mit Schritt-für-Schritt-Plan.
Es will dich nicht analysieren. Nicht optimieren. Nicht mit klugen Ratschlägen überfordern. Es gibt dir keine Aufgaben, sondern es macht dir Angebote. Denn das Leben mit Traumafolgen ist oft schon schwer genug. Es verlangt so viel Kraft, so viel Anpassung, so viel Aushalten.
Dieses Buch möchte nichts bagatellisieren, aber vielleicht darf es trotzdem Momente geben, in denen es sich gut anfühlt, für sich selbst da zu sein.
Ein kleines bisschen Leichtigkeit zuzulassen. Spielerisch. Mit Farbe. Mit Linien. Mit einer Seite, auf der du nichts beweisen musst.

Dieses Buch ist kein starres Arbeitsblatt und kein Formular mit Lückentext.

Du darfst neugierig sein. Du darfst Pausen machen. Du darfst kreativ sein. In deinem Tempo. Für dich. Oder für die Anteile in dir, die gerade einen Ort brauchen, an dem sie sich sicher fühlen dürfen.

Dieses Buch ist kein therapeutisches Produkt, aber es ist mit viel Sorgfalt, Fachwissen und einem echten Anliegen entstanden: dir einfache gestalterische Zugänge zur Selbstwahrnehmung und Beruhigung zu eröffnen.
Ich hoffe, dass du dich auf diesen Seiten ein Stück sicherer fühlst. Und dass du etwas findest, das dich stärkt. In deinem Tempo, auf deine Weise.

DU DARFST DEN RAUM NUTZEN

Mini Impuls: Punkt als Anker

Setze mit dem Stift einen Punkt auf die Seite und nimm dir einen Moment Zeit, ihn bewusst zu betrachten. Er ist klein, aber klar erkennbar – ein Zeichen, das du selbst gesetzt hast. Stell dir vor, dieser Punkt ist ein Anker: Er erinnert dich daran, dass du jederzeit wieder Halt finden kannst, auch wenn um dich herum vieles unruhig oder überwältigend erscheint. Jeder gesetzte Punkt ist eine Erinnerung daran, dass du dich immer wieder zurückholen darfst, zu dir, ins Hier und Jetzt. Du kannst weitere Punkte hinzufügen – vielleicht einen für jeden Atemzug, für jede Minute der Ruhe oder für jeden Gedanken, den du loslassen möchtest. So entsteht nach und nach ein Muster, das dich daran erinnert: Halt ist nicht nur ein einzelner Moment, sondern etwas, das du dir immer wieder neu erschaffen kannst.

INHALT

Eine Karte für deine Reise.
Du musst ihr nicht folgen – aber du kannst.
Hier findest du einen Überblick über das, was dich erwartet.
Nimm dir, was dir guttut.
Lass weg, was gerade zu viel ist.
Es ist dein Buch. Und dein Tempo.

Inhalt

Perspektivwechsel:

Manchmal hilft es, die Dinge anders zu betrachten – von der Seite, von unten, auf dem Kopf.

Nicht, um sie zu verdrehen, sondern um Neues zu entdecken: einen Zwischenraum, ein vielleicht, ein Noch-nie-so-gesehen.

Ein Perspektivwechsel öffnet Türen.

Nicht nach außen – sondern nach innen.

EINS

EINFÜHRUNG UND HINWEISE

Eine Einladung, dich umzuschauen,
bevor du losgehst.
Hier findest du Orientierung,
Erklärungen und kleine Wegweiser –
damit du weißt, was dich erwartet.

Einführung

Dieses Buch ist für dich da, wenn alles zu viel wird. Wenn dein Körper sich erinnert, auch wenn du es vielleicht gar nicht willst. Wenn du das Gefühl hast, die Kontrolle zu verlieren. Wenn du einfach etwas brauchst, das dir hilft, wieder bei dir anzukommen.

Du musst nichts. Du darfst blättern, springen, auslassen. Nimm dir nur das, was dir gut tut. Alles andere darfst du einfach hier lassen.
Vielleicht ist gerade alles sehr laut. Vielleicht ist es schwer, dich zu orientieren. Deshalb findest du in diesem Buch kleine Hilfen, Bilder, kreative Übungen und Impulse, die dir dabei helfen können, dich wieder sicherer zu fühlen.

Es gibt keinen „richtigen" Weg, dieses Buch zu nutzen. Manche Seiten helfen dir vielleicht sofort, andere erst später. Und manche vielleicht gar nicht – auch das ist völlig in Ordnung.

Wenn du magst, kannst du einen Lieblingsort im Buch finden. Eine Seite, die dich ein bisschen beruhigt. Auf die du gerne zurückkommst. Eine Farbe, ein Bild, ein Wort, das dich erinnert:
Du bist jetzt hier. Du bist nicht allein. Es ist vorbei. Du bist in Sicherheit.

Wichtig: Obwohl die Inhalte dieses Buches mit großer Sorgfalt gestaltet wurden, kann es sein, dass einzelne Wörter, Bilder oder Übungen unerwartete Reaktionen bei dir auslösen.

Jeder Mensch reagiert anders.
Was für die eine Person beruhigend ist, kann für eine andere schmerzhaft oder aktivierend sein.
Bitte achte gut auf dich.

1.1 Wichtige Hinweise zum Umgang mit diesem Buch

Dieses Workbook wurde mit einem traumasensiblen Blick gestaltet. Es enthält Übungen, Impulse und Gestaltungsräume, die dich darin unterstützen können, dich selbst besser zu spüren, zu beruhigen oder dich in belastenden Momenten neu zu orientieren.
Es richtet sich an Menschen mit Erfahrungen von Dissoziation oder Flashbacks sowie von innerer Überforderung, insbesondere im Zusammenhang mit Traumafolgestörungen.

Dieses Buch ersetzt keine Therapie. Auch keine Kunsttherapie.
Die Inhalte können eine psychotherapeutische oder psychiatrische Begleitung nicht ersetzen.
Sie wurden nicht entwickelt, um mit traumatischen Erinnerungen aktiv zu arbeiten oder starke Krisen aufzufangen. Es findet keine therapeutische Begleitung und kein gezielter therapeutischer Prozess statt.
Wenn du dich aktuell in einer instabilen Phase befindest, unter starken Symptomen leidest oder das Gefühl hast, nicht allein zurechtzukommen, wende dich bitte an eine Therapeut*in oder eine Fachstelle in deiner Nähe.
Auch wenn du bereits in Therapie bist, kann es sinnvoll sein, einzelne Inhalte mit deiner Therapeut*in zu besprechen, bevor du sie ausprobierst.

Selbstfürsorge beim Verwenden dieses Buches

- Du darfst pausieren, Seiten überspringen, das Buch einfach zur Seite legen und wieder zurückkommen.
- Nicht jede Übung passt zu jedem Moment. Alles hier ist ein Angebot, kein Muss.
- Wenn du merkst, dass etwas zu viel wird, geh einen Schritt zurück. Trinken, spüren, atmen.
- Es ist okay, wenn du nichts fühlst. Es ist okay, wenn du viel fühlst.
- Du musst nichts leisten und nichts „richtig“ oder „perfekt“ machen.

Bitte achte gut auf dich und geh in deinem Tempo.

Bitte verwende dieses Workbook nur, wenn du dich in einem sicheren Umfeld befindest oder aktiv daran arbeitest, Sicherheit in deinem Leben zu finden.

Dieses Buch soll helfen: nicht beim Aushalten von Gewalt, sondern beim Spüren in Sicherheit.
Die Übungen sind dazu gedacht, dich in überfordernden Momenten zu unterstützen, deine Wahrnehmung zu stabilisieren und den Kontakt zu dir selbst wiederherzustellen.
Sie sind nicht dazu da, um Situationen zu ertragen, die dir schaden oder deine Grenzen verletzen.

Wenn du dich gerade in einer belastenden oder bedrohlichen Umgebung befindest, hol dir bitte Unterstützung.
Du darfst gehen. Du darfst Hilfe annehmen. Du darfst sicher sein.

Niemand darf dir wehtun.

Mini Impuls: Verbindungs-Linie

Schreibe zwei Dinge auf, die dir heute wichtig sind. Ziehe eine Linie zwischen ihnen.

1.2 Kommunikationsdesign und warum es hier eine Rolle spielt

Dieses Workbook ist kein klassisches Therapieheft. Es ist auch kein Zeichenbuch, kein Malbuch und kein Kunstprojekt. Es ist ein behutsam gestalteter Raum. Ein Raum, in dem Gestaltung selbst helfen kann zu spüren, zu atmen, sich zu orientieren. Dafür nutzen wir Elemente des Kommunikationsdesigns.

Was bedeutet „Kommunikationsdesign"?

Kommunikationsdesign beschäftigt sich mit der Frage, wie Inhalte gestaltet werden müssen, damit sie berühren, verständlich sind oder wirken.
Es verbindet visuelle Mittel, wie Schrift, Farbe, Form, Komposition, mit dem, was gesagt oder gezeigt werden soll. Es schafft Brücken zwischen Innen und Außen, zwischen Gedachtem und Gefühltem.

Normalerweise kommt Kommunikationsdesign dort zum Einsatz, wo eine Botschaft vermittelt werden soll, beispielsweise in Magazinen, auf Websites, Plakaten, in Apps oder in Markenwelten.

Hier geht es aber um etwas anderes.

Design als Form der Selbstregulation

In diesem Workbook wird Kommunikationsdesign nicht dafür genutzt, Produkte zu verkaufen oder Geschichten zu erzählen, sondern dafür, dich in Momenten von Überforderung sanft zu begleiten.

Hier bedeutet Gestaltung:

- Schrift, die Ruhe oder Leichtigkeit vermittelt,
- Farben, die nicht reizen, sondern Halt geben,
- Weißraum, der atmen lässt,
- Strukturen, die Orientierung bieten,
- Seitenaufbau, der nicht überfordert.

All das sind Mittel des Designs, bewusst eingesetzt, um dich in schwierigen Momenten zu unterstützen.

Manche Seiten in diesem Buch sind leer. Manche laden zum Zeichnen ein. Manche zeigen ruhige Worte, andere sanfte Formen. Das alles folgt keiner therapeutischen Strategie, und doch folgt es einer Haltung:

Du musst hier nichts leisten.
Du darfst gestalten, aber du musst es nicht. Es ist nur ein Angebot.
Du darfst dich einlassen oder auch nicht.
Dieses Buch ist da, ein behutsamer Begleiter, der dich nicht drängt.

Gerade in belastenden oder dissoziativen Momenten kann es regulierend wirken, sich mit einfachen gestalterischen Mitteln zu verankern:
Durch Wiederholung, Struktur, Rhythmus, Fläche oder Kontrast entsteht die Möglichkeit, wieder Kontakt zum Hier und Jetzt aufzunehmen: visuell, körperlich und emotional.

Es liegt Kraft darin, Entscheidungen im Kleinen zu treffen:
selbst zu wählen, wo etwas beginnt, wie viel Raum es einnehmen darf und wann es genug ist.

1.3 Ein kurzer Einstieg in Farben, Formen & Komposition

Gestaltung ist mehr als „schön machen". Sie kann uns beruhigen, ordnen, aktivieren oder überfordern. In diesem Workbook darfst du Gestaltung als eine Art Sprache verstehen. Eine, die ohne Worte funktioniert und direkt auf Körper und Gefühlsebene wirken kann.

Damit du die Übungen für dich nutzen kannst, so wie es dir guttut, findest du hier ein paar einfache Impulse: zu Farben, Formen und zur Art, wie Elemente auf einer Seite angeordnet sein können.

Farben – spüren statt bewerten

Farben wirken oft auf uns, noch bevor wir sie bewusst wahrnehmen. Manche geben uns ein Gefühl von Sicherheit, andere machen uns wacher oder ziehen unsere Aufmerksamkeit auf sich. Hier gibt es kein Richtig oder Falsch – es geht darum, zu spüren, was dich gerade unterstützt.

- **Blautöne** wirken kühl und beruhigend.
- **Grün** erinnert an die Natur, wirkt verbindend und stabilisierend.
- **Rosa** oder sanftes **Violett** kann schützend oder tröstlich wirken.
- Warme **Gelbtöne** können freundlich stimmen, aber auch reizend sein, wenn wir erschöpft sind.
- Neutrale Töne wie **Grau**, **Beige** oder **Sand** schaffen Raum, ohne zu viel zu fordern.
- **Orange** kann lebendig, aktivierend und kraftvoll wirken, aber auch unruhig.
- **Rot** steht oft für Stärke, Energie oder Grenzen: Es kann Mut machen, aber auch schnell überwältigen.

Du darfst ganz intuitiv wählen, welche Farbe sich in diesem Moment richtig anfühlt, oder bewusst entscheiden, welche Wirkung du erzielen möchtest.

Diese Seite ist für dich

Du kannst sie nutzen, um deine Stifte auszuprobieren und dein Material kennenzulernen. Teste, wie die Farben auf dem Papier wirken: Welche Linien entstehen? Welche Flächen? Welche Töne? Vielleicht magst du kleine Farbkästchen anlegen (sogenannte Swatches) oder einfach frei herumprobieren.

Geeignet sind z. B. wasserbasierte Filzstifte, Fineliner oder Buntstifte. Lösungsmittelhaltige Marker oder sehr feuchte Farben (wie flüssige Tusche oder Wasser- bzw. Aquarellfarben) könnten das Papier durchdrücken oder wellig werden lassen – aber auch das darf passieren. Wenn du viel mit diesen Materialien arbeiten möchtest, kannst du dir auch einen speziellen Block oder ein Skizzenbuch mit Markerpapier oder Aquarellpapier besorgen und darin experimentieren.

CHAOS IST OKAY

Formen: weich, eckig, offen

Formen sprechen unseren Tastsinn an, auch wenn wir sie nur sehen. Weiche, runde Formen vermitteln oft ein Gefühl von Schutz oder Fluss. Eckige, kantige Formen wirken strukturierend, manchmal aber auch hart oder fordernd.

- **Runde Formen**: weich, fließend, oft als sicher empfunden
- **Gerade Linien**: ruhig, stabil, ordnend
- **Spiralen**: zyklisch, verbindend
- **Zickzack, Ecken, Dreiecke**: anregend, manchmal spannungsvoll

Nimm dir Raum, zu beobachten, wie sich eine Form anfühlt. Du kannst selbst entscheiden, ob du eher Halt und Ruhe brauchst oder Bewegung.

Komposition: Wie Dinge angeordnet sind

Auch die Anordnung auf einer Seite macht etwas mit uns.
Symmetrie kann Ruhe und Ordnung vermitteln. Alles ist ausbalanciert, es gibt eine Mitte, an der wir uns orientieren können.
Asymmetrie erzeugt Spannung, Bewegung, manchmal auch Neugier. Sie kann neue Impulse geben oder uns überfordern, wenn wir nach Sicherheit suchen.
Weißraum, also bewusst freigelassener Raum, wirkt entlastend. Er schenkt Luft, Orientierung und Klarheit. Oft hilft er dabei, Dinge wirken zu lassen.
Wenn du eigene Seiten gestaltest oder mit Farben arbeitest, darfst du auf die Wirkung von Ordnung und Unordnung achten. Beides hat seine Zeit. Du darfst ausprobieren.

Und das Wichtigste:

Du brauchst kein Vorwissen. Du darfst gestalten, wie du möchtest. Alles in diesem Workbook ist ein Angebot, keine Aufgabe, die erledigt werden muss.

1.4 Wie wir sehen - Gestaltprinzipien, die dir helfen können

Gestaltung wirkt nicht zufällig.
Unser Gehirn erkennt Muster, sortiert Eindrücke, sucht nach Sinn. Die Gestaltgesetze beschreiben, wie wir sehen und ordnen, und helfen uns, visuelle Reize schneller, klarer und sicherer zu verarbeiten.

Im Kommunikationsdesign, besonders in der Gestaltung von Layouts, Interfaces und Printmedien, sind sie essenziell: Sie machen Informationen verständlicher, sorgen für Struktur und können auch helfen, sich im Bild sicherer zu fühlen.

Gestaltgesetze sind keine Regeln, die man unbedingt befolgen muss.
Sie sind Angebote zur Orientierung.

Gesetz der Nähe
Was nah beieinander liegt, wird als zusammengehörig wahrgenommen: Du kannst Nähe nutzen, um Elemente zu verbinden, oder Abstand einsetzen, um Raum zu schaffen und Reizreduktion zu ermöglichen.

Tipp: Gruppiere Inhalte oder gestalterische Elemente so, dass sie klar zueinander gehören oder bewusst getrennt bleiben.

Gesetz der Ähnlichkeit
Ähnliche Formen, Farben oder Größen werden als Einheit erkannt. Wiederholungen und Gemeinsamkeiten schaffen Ruhe, Klarheit und Vertrauen. Was sich unterscheidet, wirkt unabhängig.

Tipp: Stelle ähnliche Inhalte auf dieselbe Art dar – zum Beispiel durch gleiche Farbflächen oder Schriftstile für verwandte Inhalte.

Gesetz der Geschlossenheit

Wir erkennen auch unvollständige Formen als Ganzes. Unser Gehirn ergänzt, was fehlt. Auch das, was nicht da ist, kann Wirkung entfalten.

Tipp: Rahmen, Linien oder Flächen helfen, Inhalte als Einheit wahrzunehmen. Du kannst auch durch offene Formen Zusammenhalt zeigen.

Gesetz der Kontinuität (gute Fortsetzung)

Linien und Formen werden als fortlaufend wahrgenommen. Unsere Augen folgen dem Fluss. Unterbrechungen fallen auf.

Tipp: Richte Elemente entlang imaginärer Linien oder Achsen aus, um visuelle Führung zu schaffen, oder unterbrich sie bewusst, um die Aufmerksamkeit zu lenken.

Gesetz der gemeinsamen Region

Elemente, die im gleichen abgegrenzten Bereich liegen, wirken zusammengehörig. Eine Fläche verbindet. Ein Hintergrund schafft Kontext.

Tipp: Du kannst Flächen oder Rahmen nutzen, um Ordnung zu schaffen, besonders bei vielen verschiedenen Elementen.

Gesetz der Verbundenheit

Verbundene Elemente wirken wie eine Einheit. Verbundenheit wirkt stärker als Nähe oder Ähnlichkeit. Eine Linie, ein Rahmen oder ein Pfeil kann zwei Dinge sichtbar verknüpfen.

Tipp: Verwende verbindende Linien, Container oder visuelle Anker, wenn du Zusammenhänge verdeutlichen möchtest.

Gesetz der Figur-Grund-Beziehung (Fokus)

Wir nehmen zuerst wahr, was sich vom Hintergrund abhebt. Du kannst steuern, was sichtbar sein soll und was still bleiben darf.

Tipp: Kontraste (hell/dunkel, groß/klein) helfen beim Fokussieren.
So kannst du wichtige Inhalte betonen und andere im Hintergrund halten.

Gesetz des gemeinsamen Schicksals

Was sich gemeinsam bewegt oder verändert, erscheint zusammengehörig. Auch Bewegung, Animation oder Rhythmus können Ordnung schaffen.

Tipp: Gleichartige Animationen, Bewegungsrichtungen oder Übergänge in Interfaces oder Layouts stärken Zusammenhalt.

Gesetz der Prägnanz (guten Gestalt)

Wir bevorzugen einfache, klare Formen und Strukturen. Was leicht zu erfassen ist, wirkt stabiler und sicherer.

Tipp: Reduziere visuelle Unruhe. Setze klare Kontraste, einfache Formen, erkennbare Muster, besonders bei zentralen Inhalten.

Warum das für dein Gestalten wichtig ist

Die Gestaltgesetze stammen aus der Gestaltpsychologie, einem Forschungsbereich, der untersucht, wie unser Gehirn visuelle Reize verarbeitet und zu sinnvollen Einheiten zusammenfügt. Unsere Wahrnehmung orientiert sich an Mustern, Vertrautem und Beziehungen zwischen Formen, Farben und Abständen.
Gestaltung ist nie bedeutungsfrei. Jede Linie, jede Fläche, jeder Abstand wird von unserem Gehirn interpretiert, ob bewusst oder unbewusst.

Auch in diesem Workbook können dir die Gestaltgesetze dabei helfen:

- visuelle Ruhe zu schaffen,
- Beziehungen zwischen Formen zu verdeutlichen,
- Wiederholungen als beruhigende Elemente zu nutzen,
- durch Kontraste oder Ausgleich die Aufmerksamkeit zu lenken,
- eigene Gestaltungsentscheidungen bewusster wahrzunehmen.

Du kannst damit Bilder so gestalten, dass sie dich unterstützen: bei der Orientierung, im Ausdruck oder einfach im Spüren.

1.5 Hinweise zum Umgang mit Flashbacks

Ein Flashback kann sich sehr verschieden anfühlen:

- Als wärst du wieder mitten in einer alten Situation.
- Als würdest du den Boden unter den Füßen verlieren.
- Als könntest du dich nicht bewegen oder denken.
- Als würdest du „wegdriften“, „erstarren“ oder innerlich „verschwinden“.
- Als wärst du auf einmal wieder ganz klein.

Vielleicht spürst du auch plötzliche starke Angst, Ekel, Scham, Hilflosigkeit oder ein anderes schwieriges Gefühl, das nicht so recht in die jetzige Situation passt.

Vielleicht erinnerst du dich gar nicht bewusst, aber dein Körper reagiert.

Das ist eine normale Reaktion auf etwas, das einmal zu viel war.

Was dir helfen kann:

- Sprich innerlich mit dir wie mit einer guten Freundin.
- Sage dir: „Es ist vorbei“ oder „Ich bin sicher.“
- Wirf einen Blick auf die Notfallseite.
- Geh kurz ans Fenster.
- Trink etwas.
- Fühle deine Hände und Füße.
- Hole jemanden dazu, wenn du magst.

Du musst da nicht allein durch.
Du darfst Hilfe holen.
Und du darfst dich in deinem Tempo erinnern – oder gar nicht.

ES IST VORBEI.
DU BIST IN SICHERHEIT.

Mini Impuls: Linien im Raum

Suche drei Linien um dich herum (z. B. Türrahmen, Tischkante, Regal). Verfolge sie mit den Augen und spüre: Ich bin hier. Übertrage diese Linien in dein Workbook – nicht als exakte Kopie, sondern so, wie du sie empfindest. Lass sie gerade oder schwungvoll entstehen, variiere die Strichstärke, lege Linien übereinander oder setze kleine Punkte als Gegengewicht. Während du zeichnest, spüre nach: Welche Linie gibt dir Halt, welche wirkt lebendig oder unruhig?

Du darfst dir Hilfe holen.

Es ist okay. Wirklich.
Du musst das nicht
allein schaffen.

1.6 Notfallseite - Du bist jetzt hier

Atme. Nur ein kleiner Atemzug.
Dann noch einer. Du bist nicht mehr in der Vergangenheit.
Du bist jetzt hier.

Was du sofort tun kannst:
Spüre deinen Körper:
Drücke deine Füße fest in den Boden.
Bewege deine Hände.
Klopfe leicht deine Arme oder Beine ab.
Sage laut (oder innerlich): „Ich bin sicher. Ich bin hier."

Schau dich um:
Was siehst du?
Welche Farben?
Zähle 5 Dinge, die du sehen kannst,
oder 3 Geräusche, die du hörst.

Sag deinen Namen:
„Ich heiße ..."
„Heute ist ..."
„Ich bin ... Jahre alt."

Berühre etwas:
Spüre einen Gegenstand in deiner Hand.
Etwas Kühles, etwas Weiches.
Vielleicht hilft dir eine Kette, ein Stein, ein Tuch.

Notfallnummern – falls du mehr Hilfe brauchst:
Telefonseelsorge Deutschland:
0800/111 0 111 oder 0800/111 0 222 (kostenlos, anonym)
Bei akuter Gefahr:
112 anrufen (Notruf, Polizei, Rettung)

ZWEI

ORIENTIERUNG IM HIER & JETZT

Ein kurzer Moment zum Ankommen.
Nicht um zu wissen, wohin du musst-
sondern um zu spüren, wo du gerade bist.
Vielleicht mit beiden Füßen auf dem
Boden. Vielleicht nur mit einem Gedanken.
Alles zählt.

Wenn du das Gefühl hast, dich zu verlieren

Manchmal fühlt sich alles so an, als wärst du nicht mehr ganz hier.
Als würdest du dich auflösen, schweben oder innerlich verschwinden. Vielleicht ist dein Körper da, aber du fühlst ihn kaum. Vielleicht siehst du die Welt wie durch eine Glasscheibe: weit weg, fremd, nicht greifbar.

Das ist eine normale Reaktion auf etwas, das zu viel war. Ein Schutzmechanismus. Dein Körper versucht, dich zu schützen.

Doch jetzt bist du in Sicherheit. Du darfst sanft zurückkommen. Ganz langsam, in deinem eigenen Tempo. Zurück in den Moment.
Zurück ins Hier und Jetzt.

In diesem Kapitel findest du kleine Hilfen, die dich dabei unterstützen können, dich wieder zu orientieren. Du kannst sie mit den Augen verfolgen, laut mitsprechen, innerlich mitfühlen oder sie einfach nur anschauen. Du musst nichts leisten. Du darfst neugierig sein. Oder vorsichtig. Oder gar nichts tun. Auch das ist okay.

Diese Übungen sind wie Anker: Sie können dir helfen, Halt zu finden, wenn alles zu schwanken scheint.
Wie eine Hand, die du halten darfst. Oder ein Boden, den du wieder spüren kannst.

5
4
3
2
1

2.1 Zahlen sehen und spüren

Übungen zur Re-Orientierung mit deinen Sinnen und deiner Gestaltungskraft

Teil A: 5-4-3-2-1: Ankommen im Moment

Diese weit verbreitete und einfache Übung kann dir helfen, dich neu zu orientieren, wenn du dich überfordert, abgeschnitten oder unsicher fühlst. Nimm dir Zeit. Lies langsam. Du musst nichts leisten.

Schau dich um und nimm wahr:

- 5 Dinge, die du sehen kannst
- 4 Dinge, die du hören kannst
- 3 Dinge, die du spüren kannst (z. B. Kleidung, Boden, Luft)
- 2 Dinge, die du riechen kannst
- 1 Sache, die du schmecken kannst

Teil B: Typografische Achtsamkeit

Vor dir stehen fünf Zahlen. Schau sie dir genau an.

- Wo ist eine Linie rund? Wo ist sie kantig?
- Wo wird sie dicker, wo dünner?
- Hat sie Serifen, also kleine Füßchen an den Enden?
- Wirkt sie verspielt, streng, weich, laut?

Du darfst sie abzeichnen, nachfahren, zerschneiden, umformen oder mit Mustern ausfüllen. Du kannst sie verändern oder einfach nur betrachten.

Teil C: Sammeln, schneiden, kleben

Vielleicht hast du eine alte Zeitschrift oder Zeitung in der Nähe.
Mach dich auf die Suche nach Zahlen. Schneide sie aus und klebe sie auf die nächste Seite.

- Welche Ziffern findest du? Wie sehen sie aus?
- Welche wirken ähnlich, welche ganz anders?
- Welche sind dir sympathisch? Welche fremd?

Du darfst ordnen, überlappen, vergleichen.

Einige Typografie-Begriffe, die dir beim Beschreiben und Vergleichen der Zahlen helfen können:

- **Serifen:** kleine „Füßchen" an den Enden einer Zahl oder eines Buchstabens
- **Strichstärke:** wie dick oder dünn die Linie der Ziffer ist
- **Achse:** Eine gedachte Linie, an der sich die Kurve ausrichtet (z. B. schräg oder senkrecht)
- **Kontrast:** Unterschied zwischen dicken und dünnen Linien
- **Geometrisch:** die Zeichen bestehen aus klaren Formen. Es sind gerade Linien, Kreise oder Rechtecke erkennbar.
- **Humanistisch:** lebendige, handschriftlich anmutende Formen

Du musst dir nichts merken.
Aber vielleicht entdeckst du etwas, das dich neugierig macht.

FANG IRGENDWO AN

2.2 Tragende Elemente: Fühle und gestalte den Boden unter deinen Füßen

Setze dich bequem und aufrecht hin: auf einem Stuhl oder am Boden, so wie es für dich angenehm ist.
Lass deine Füße ganz bewusst den Boden berühren. Spüre die Fläche unter dir, den Kontakt, das Gewicht, die Sicherheit. Drück deine Fußsohlen ganz sanft in den Boden. Spüre den Widerstand. Lass dann wieder locker. Wiederhole das in deinem Rhythmus wie eine kleine Welle.

Bewege deine Zehen. Kreise die Knöchel, wenn du magst.
Spüre, wie du deinen Körper von unten her wahrnehmen kannst.

Du kannst die Übung auch im Stehen machen:
barfuß, wenn es sich gut anfühlt oder mit festen Schuhen, wenn dir das mehr Halt gibt. Geh ein paar Schritte: langsam, fühlend, mit vollem Fußkontakt. Spüre jeden Teil des Schritts: die Ferse, den Ballen, die Zehen.

Oder du gehst nach draußen. Vielleicht kannst du dort feuchtes Gras oder kleine Kieselsteine unter den Füßen wahrnehmen.

Egal, wo du gerade bist: Beim Ausatmen kannst du bewusst ein wenig mehr Gewicht nach unten geben, wie eine kleine Erdung. Du darfst spüren, wie dich der Boden trägt. Ganz ruhig. Ganz verlässlich. Im Hier und Jetzt.

Im Design wie im Leben braucht es tragende Elemente. Dinge, die nicht laut sind, aber alles zusammenhalten: einen Boden, eine Linie, ein Gefühl von Halt.

Vielleicht magst du auf der rechten Seite mit Farbe, Linien oder Texturen ergänzen, wie sich der Boden dort anfühlt, wo du gerade stehst.

Du musst nichts erklären.

Dein Erleben ist auch
ohne Worte gültig.

Mini Impuls: Linie zum Anlehnen

Zeichne eine Linie, die du als „stützend“ empfindest.

Sie darf schräg, senkrecht oder waagerecht sein. Spiele auch mit unterschiedlichen Stärken. Beobachte: Was verändert sich dadurch?

HÖR AUF DEIN GEFÜHL

2.3 Atemwellen:
Rhythmus spüren, Form finden

Manchmal hilft kein Gedanke. Kein Satz. Kein Bild.

Aber manchmal hilft ein Atemzug. Ein ganz kleiner. Und dann noch einer. Mach es dir bequem. Wenn du magst, lege eine Hand auf deinen Bauch. Spüre, wie sich dein Körper bewegt, wenn du atmest.

Kleine Atemübung:

- Einatmen, zähle: 1 – 2 – 3 – 4
- Kurze Pause, wie ein leiser Punkt.
- Ausatmen, zähle: 1 – 2 – 3 – 4 – 5 – 6
- Wiederhole das 3 bis 5 Mal oder so lange, wie es dir gut tut.

Designübung: Gestalte dein Atem-Poster

Wellen sind mehr als dekorative Formen. Sie stehen im Kommunikationsdesign für Rhythmus, Wiederholung und sanfte Bewegung, wie der Atem selbst.

Deine Aufgabe:
Gestalte einen Entwurf für ein grafisches Poster, das deinen Atem sichtbar macht.

Nutze gestalterische Mittel wie:

- sanfte Wellenlinien, die aufsteigen und absinken
- wiederholte Elemente wie Punkte, Kreise oder modulare Raster
- Farbe zur Unterscheidung von Ein- und Ausatmen
- Typografie, z. B. Wörter wie „ein“, „aus“, „Pause“
- Weißraum als Luft zum Atmen

Du kannst mit Linien, Bewegung und Rhythmus experimentieren.

2.4 Orientierung mit Buchstaben und Typografie

Wörter finden

Eine sanfte Übung, wenn Sprache möglich ist:

„Ich sehe etwas mit dem Anfangsbuchstaben A …“

„Ich sehe etwas mit dem Anfangsbuchstaben B …“

… oder: finde etwas, das mit dem Anfangsbuchstaben deines Namens beginnt Wörter können Orientierung geben, sie sind wie Wegweiser in deinen Gedanken.

ABCDE

Abcde

ABCDE

Weitere Ideen:

Beschreibe die Buchstaben, die du hier sieht, ganz genau: Welche Stellen sind eckig, welche rund? Sind die Striche dick oder dünn? Die Endungen abgeschrägt oder gerade? Wirken sie hart oder weich und verspielt? Wie wirken die Schriften im Vergleich? Welche Details kannst du noch erkennen? Vielleicht findest du ja noch weitere Buchstaben und Schriften in deiner Umgebung.

Übrigens: Die Schriftarten heißen Lullabies, Meta Pro und Abril Fatface, und wurden auch in diesem gesamten Workbook verwendet.

2.5 Bilder einrahmen: Eine visuelle Übung zur Präsenz mit Gestaltungselementen

Manchmal hilft es, die Welt zu rahmen. Stell dir vor, du blickst durch einen Bilderrahmen. Was siehst du direkt vor dir? Was nimmst du wahr – in Form, Farbe, Struktur oder Schrift?

So geht's:
Nimm dir einen Moment. Atme. Schau dich um. Was fällt dir ins Auge?
Zeichne, male oder beschreibe den Bildausschnitt, der jetzt vor dir liegt.
Verwende dafür die Bilderrahmen auf der Seite oder gestalte deinen eigenen.

Gestalterischer Impuls:
Nutze Typografie, Formen oder Farben, um deinen Blick darzustellen.
Du kannst einzelne Buchstaben für Gegenstände verwenden, die du siehst, oder einen visuellen Code entwickeln, zum Beispiel:

- Farbfelder für Licht/Schatten
- Linienstruktur für Bewegung oder Muster

Design-Wissen to go:
Bilderrahmen funktionieren wie Layouts: Sie schaffen Fokus, lenken den Blick, geben Ordnung. Ein Rahmen betont einen Ausschnitt und blendet andere Dinge aus. So kannst du selbst entscheiden: Was will ich gerade sehen? Was darf im Vordergrund stehen?

Vertiefung (optional):

- Wie wirkt der Ausschnitt? Ruhig oder unruhig?
- Ist das Bild symmetrisch oder offen?
- Welche Formen oder Linien erkennst du?
- Welche Stimmung entsteht durch den Aufbau?

2.6 Farben finden - eine Übung mit deinen Augen

Farben können Halt geben.
Sie bringen uns sanft ins Hier und Jetzt zurück: durch Sehen, Benennen, Fühlen. Manche Farben wirken beruhigend, andere aktivierend. Du darfst selbst entdecken, welche Farben dir heute guttun.

Was du tun kannst:

- Schau dich um: Welche Farben siehst du gerade?
- Welche davon zieht dich an? Welche fühlt sich ruhig an?
- Benenne sie, oder male sie.

Das kann dich zurück ins Jetzt bringen. Du brauchst dafür nichts außer deinen Augen und vielleicht ein bisschen Neugier.

Varianten:

- Finde eine Farbe, die dir heute guttut und schau, wo sie überall auftaucht.
- Nimm dir eine Farbe pro Tag. Gestalte daraus ein kleines Farb-Tagebuch.
- Male Kreise oder Felder mit den Farben, die du gefunden hast.

Finde alles, was GELB ist.

- Vielleicht ein Kissen, ein Buchrücken, ein Zettel.
- Wie viele Dinge findest du?

Finde alles, was ORANGE ist.

- Große Dinge? Kleine? Leuchtend oder dunkel?

Finde alle Gegenstände, die BLAU sind.

- Zähle sie, oder merk sie dir.
- Du kannst sie auch aufschreiben oder einzeichnen.

Finde GRÜN.

- Welche Grüntöne kannst du sehen?
- Gibt es Pflanzen in der Nähe?

Finde HELLE Gegenstände.

Finde DUNKLE Gegenstände.

2.7 Oberflächen zum Fühlen

Manchmal hilft es, etwas zu berühren. Weiches Papier. Einen rauen Rand. Etwas, das sich echt anfühlt.

Diese Seite ist deine kleine Sammlung, für Dinge, die dir guttun. Oder dich zurückholen.

Anleitung:
Du kannst hier etwas einkleben, zum Beispiel:

- Seidenpapier, Kraftpapier, Packpapier
- Stoffreste oder Bänder
- Etiketten, Karton, Briefumschläge
- Prägungen, Kanten, Rillen
- Dinge, die sich weich, rau, glatt, warm, kühl anfühlen

Du darfst tasten. Sortieren. Spüren.
Vielleicht ist heute eine andere Oberfläche gut als gestern.
Vielleicht entdeckst du, was du nicht spüren willst – auch das ist okay.

Auch im Kommunikationsdesign spielt Materialität eine Rolle:
Wie sich etwas anfühlt, beeinflusst, wie wir es wahrnehmen und wie sicher, nah oder fern es uns erscheint.

Falls dir diese Übung gut tut, kannst du auch hier ein kleines, separates Buch anlegen und deine Sammlung an Materialien Tag für Tag ergänzen.

PLATZ FÜR DICH

DREI

SELBST-WAHRNEHMUNG UND REGULATION

Sich selbst wieder ein kleines Stück spüren.
Vielleicht den Atem.
Vielleicht ein leises Kribbeln.
Regulation bedeutet nicht,
sich zusammenzureißen. Sondern: in kleinen
Schritten wieder bei sich anzukommen.

Wenn du dich wieder ein kleines bisschen spüren kannst

Vielleicht hast du dich schon ein bisschen im Raum orientieren können. Weißt wieder, wo du bist. Hast den Boden unter deinen Füßen gespürt, Geräusche wahrgenommen, Farben gesehen.

Jetzt geht es um das, was in dir ist. Nicht alles auf einmal, nur ganz vorsichtig. Nur so viel, wie gerade geht.

Vielleicht ist da ein kleiner Moment, in dem du dich selbst wieder mehr spürst. Ein warmer Punkt in deiner Hand. Ein Atemzug, der ruhiger wird. Oder einfach das Gefühl: Ich bin noch da.

Auf diesen Seiten geht es nicht um große Gefühle oder tiefe Körperwahrnehmung, sondern um kleine, leise Impulse. Formen, Farben, Berührung. Dinge, die dich ganz sanft zurück zu dir führen können.

Du darfst spüren, was angenehm ist.
Was dich nicht überfordert.
Was sich gut anfühlt, oder wenigstens nicht falsch.

Mehr braucht es gerade nicht.

3.1 Ankommen im Jetzt mithilfe von Linien

Nimm einen Stift zur Hand. Du brauchst sonst nur deinen Atem und ein wenig Zeit.

Setze die Spitze deines Stiftes aufs Papier. Beginne, eine Linie zu ziehen. Ganz langsam. Lass sie deinem Atem folgen.

Du musst keinen bestimmten Weg verfolgen. Vielleicht wird die Linie gerade. Vielleicht wellig oder zackig. Vielleicht hält sie inne, stockt, bricht ab. Alles ist erlaubt.

Du kannst beobachten, wie sich dein Atem anfühlt, wenn du ihn nicht verändern musst, und wie sich dein Strich entwickelt , wenn du ihm einfach folgst.

Gestaltung als Sprache

In der Gestaltung ist die Linie mehr als eine Spur: Sie kann verbinden oder trennen, betonen oder überlagern. Linien haben Richtung, Rhythmus, Gewicht. Sie schaffen Struktur: in einem Layout, auf einer Seite, in einem Gedanken.

Eine horizontale Linie kann Ruhe bringen.
Eine schräge Linie kann Spannung erzeugen.
Eine unterbrochene Linie kann Freiraum lassen.

Mit deinen Linien darfst du erforschen, wie Gestaltung wirkt – und wie du dich darin wiederfinden kannst.
Du entscheidest, wo etwas beginnt, wie es verläuft, was du gerade brauchst und wann es endet.

Du kannst an diesem Punkt starten,
oder auch ganz woanders.

Du darfst wieder bei dir ankommen.

Einen Atemzug
nach dem anderen.

3.2 Komm in Bewegung: Experimentelle Typografie als Spur auf Papier

Diese Übung lädt dich ein, dich zeichnend durch ein Feld aus Punkten zu bewegen, nur mit deinem Stift, deiner Hand und deiner inneren Orientierung. Dabei darf ganz nebenbei dynamische Schrift entstehen: ungeplant, unkonventionell, lebendig.

So geht's:
Nimm einen Stift zur Hand. Blättere um und schau dir die Punkte auf der nächsten Seite an. Wie ein nahezu unsichtbares Raster.

Jetzt darfst du beginnen, dich zu bewegen: Verbinde einzelne Punkte, frei und in deiner eigenen Reihenfolge. Mit Linien. Mit Bögen. Mit Abständen. In deinem Tempo.

Lass dabei Buchstaben entstehen, oder Teile von Buchstaben. Versuche nicht, schön zu schreiben, sondern spiele mit Form, Richtung, Rhythmus, damit Dynamik und Bewegung sichtbar wird.

3.3 Farbe als Ausdruck

Farben können wie Gefühle sein. Oder wie kleine Inseln der Ruhe.

Du darfst Farbe benutzen, um zu zeigen, was du gerade brauchst oder fühlst. Ganz ohne Worte. Nur in Tönen, Flächen, Spuren.

Fragen für deinen Einstieg:

- Welche Farbe fühlt sich warm an?
- Welche wirkt ruhig?
- Gibt es Farben, die du gerade besonders brauchst?
- Welche Farbe spendet dir Trost?

Falls dir das schwerfällt, kannst du auf Seite 22 noch mal etwas über die Wirkung von Farben nachlesen.

Wenn du Lust hast, kannst du deinen Lieblingsfarbtönen auch eigene Namen geben.

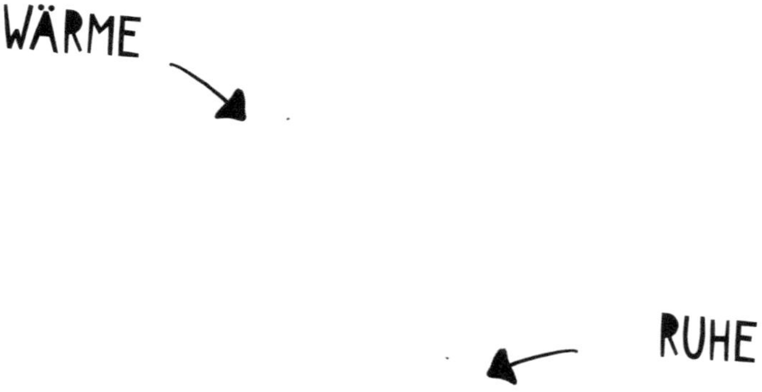

LEICHTIGKEIT

KLARHEIT

SCHUTZ

____

3.4 Farbkörper: Eine intuitive Infografik-Übung

Du siehst hier eine reduzierte Körperform: ein schematisches Piktogramm. Piktogramme sind vereinfachte Darstellungen.
Sie zeigen nur das Wesentliche. Dieser Umriss ist bewusst nicht anatomisch, sondern offen und stilisiert. Das schafft Abstand und gibt dir die Freiheit, ihn ganz persönlich zu gestalten.

Diese Seite lädt dich dazu ein, aus deinem inneren Erleben eine bildhafte Darstellung zu machen, also eine ganz eigene, subjektive Infografik.

Was ist eine Infografik?
Eine Infografik ist eine visuelle Darstellung von Informationen, Daten oder inneren Zuständen. Sie hilft dabei, etwas Komplexes einfach, klar und visuell begreifbar zu machen. In deinem Fall geht es nicht um Zahlen, sondern um dein Körpergefühl.

So kannst du vorgehen:
Spüre in dich hinein. Wo im Körper nimmst du gerade etwas wahr?
Markiere diese Zonen in der Vorlage auf der rechten Seite.
Wo spürst du heute Wärme? Wo ist es eng, kalt oder taub? Gibt es Stellen, die sich schwer oder leicht anfühlen?

Du kannst gestalten mit:
Farben, Mustern oder Linien, Transparenz oder Leere

Wenn du magst, erstelle dir eine kleine Legende am Seitenrand:
Welche Farbe oder Form steht für welches Gefühl?

Mini Impuls: Geometrische Formen

Finde in deinem Alltag drei geometrische Formen (Kreis, Quadrat, Dreieck).

Zeichne sie auf eine kleine Notizseite.

Alles, was du fühlst, darf sein.

Auch wenn es sich widerspricht.

3.5 Wahrnehmung zwischen den Polen: spüren, vergleichen und differenzieren

Diese Übung lädt dich ein, zwischen zwei inneren Zuständen hin und her zu pendeln. Nicht, um dich zu entscheiden, sondern um Unterschiede wahrzunehmen. Mit kleinen Punkten, Kästchen und Farbe kannst du sichtbar machen, wie sich etwas anfühlt.

So funktioniert's:
Du siehst mehrere kleine Kästchen, jeweils in Paaren nebeneinander. Sie stehen für zwei Gegensätze, zum Beispiel:

- leicht und schwer
- angespannt und entspannt

In jedes Kästchen darfst du genau einen Punkt setzen. So, wie es sich für dich richtig anfühlt.

Spiele mit Größe, Farbe, Druck/Intensität und der Platzierung im Kästchen. Es geht nicht darum, etwas „richtig" darzustellen, sondern darum, dein Empfinden auf die Fläche zu bringen.

Was fühlt sich schwer an?
Wie würde „Entspannung" als Punkt aussehen?
Wo sitzt dein Gefühl für „Halt" – mittig? Am Rand?

Ziel:

- Unterschiede spüren (nicht bewerten)
- feiner wahrnehmen, was sich wie anfühlt
- dich selbst in der Bewegung dazwischen erleben: im Pendeln zwischen verschiedenen Wahrnehmungen

leicht

schwer

Nähe

Distanz

Entspannung

Anspannung

laut

leise

Halt

GUT IST
GUT GENUG

Mini Impuls: Kontrastübung

Schreibe ein Wort dunkel und kräftig. Daneben das gleiche Wort ganz zart und hell. Spüre die Wirkung. Merkst du einen Unterschied?

3.6 Orientierung durch Piktogramme

Was sind Piktogramme und warum gestalten wir sie?

Piktogramme sind einfache, bildhafte Zeichen. Du findest sie überall dort, wo Menschen schnell Orientierung brauchen: zum Beispiel an Bahnhöfen, Flughäfen, in Museen, in Krankenhäusern oder auf Wegweisern. Sie sind auf das Wesentliche reduziert und nicht sprachgebunden – wie ein international verständlicher Bildwortschatz. Sie funktionieren in der Regel auch in sehr kleinen Formaten und sind durch ihre Einfachheit schon von weitem erkennbar.

Vielleicht kennst du ja auch die berühmten Piktogramme, die der Gestalter Otl Aicher für die Olympischen Spiele 1972 in München entworfen hat. Diese minimalistischen, stilisierten Figuren haben weltweit Maßstäbe gesetzt. Daher sind sie bis heute Vorbild für viele Leitsysteme.

Tipp: Suche online einmal nach „Otl Aicher Olympiapiktogramme 1972" – du wirst erstaunt sein, wie klar, lebendig und verständlich sie sind.

Auch in deinem Inneren gibt es viele Wege und manchmal kann man sich verlaufen.

Deine Übung: Gestalte ein kleines Leitsystem aus Symbolen, das dich durch herausfordernde Situationen begleiten kann.

- Was brauchst du gerade (oder immer wieder)? Notiere dir einige Begriffe wie Sicherheit, Rückzug, Mut, Verbundenheit, Klarheit oder Neugier. Welche Symbole könnten dich an wichtige Dinge erinnern: z. B. trinken, Pause machen, atmen, dich spüren?

- Gestalte zu jedem Begriff ein Symbol. Nutze einfache grafische Grundformen und die kleinen Vorlagen auf der nächsten Doppelseite. Linien, Kreise, Dreiecke, Pfeile, Punkte: Du kannst wiederholen, kippen, spiegeln oder verzerren. Jedes Zeichen darf „deins“ sein.

- Reflektiere deine Symbole: Was bedeutet es für dich? In welcher Situation möchtest du es sehen? Wo wäre es „angebracht“: z. B. an der Tür deiner Gedanken, als Erinnerung an dein Handy, auf einer Karte in deinem Portemonnaie?

DEIN BLICKWINKEL IST WERTVOLL

DU BIST HIER RICHTIG

VIER

SICHERE INNERE BILDER

Gedankenbilder, die dir ein Gefühl von Sicherheit, Ruhe oder Geborgenheit geben. Sie entstehen im Inneren – und können helfen, dich in schwierigen Momenten zu stabilisieren oder zu trösten.

Ein Ort zum Ausruhen in dir

Vielleicht ist draußen gerade alles zu viel.
Zu laut. Zu schnell. Zu unübersichtlich.

Dann darfst du dich umdrehen – weg vom Außen,
hinein in einen inneren Raum, der ganz dir gehört.
Einen Ort, an dem du nichts erklären musst.
An dem du einfach sein darfst.

Es geht nicht um Erinnerungen.
Nicht um das, was weh tut.
Sondern um einen ruhigen, sicheren Ort, den du dir selbst schaffen kannst.
Oder wiederfinden. Oder erfinden.

Vielleicht ist er weich.
Vielleicht riecht er nach etwas Vertrautem.
Vielleicht ist dort jemand, oder du bist ganz für dich.
Du entscheidest.

Dieses Kapitel lädt dich ein, solche inneren Bilder zu finden:
mit Farben, Formen, Worten, die dich stärken.
Manche Seiten helfen dir vielleicht, dir diesen Ort vorzustellen.
Andere lassen dir Raum, ihn selbst zu gestalten.

4.1 Gestalte deinen sicheren Ort

Stell dir einen Ort vor, der ruhig ist. An dem du atmen kannst.
An dem du nichts musst.

Vielleicht möchtest du ihn dir nicht nur vorstellen, sondern gestalten. Deinen sicheren Ort sichtbar machen, so wie du ihn brauchst. Damit du jederzeit leicht dorthin zurückkehren kannst. Du darfst Designer*in deines inneren Raums sein.

Du kannst entscheiden:

- Welche Farben gibt es hier?
- Ist es weich, rund, offen, geschützt?
- Gibt es Texturen, Muster, Licht?
- Gibt es Schriften, Worte, Zeichen?

Du kannst:

- ihn auf der rechten Seite zeichnen,
- ihn mit Farbfeldern darstellen,
- ein Moodboard gestalten (mit Papierstücken, Skizzen, Farben),
- nur ein einziges Symbol wählen: einen Kreis, eine Linie, einen Lichtpunkt.

Dein sicherer Ort muss nicht realistisch sein.
Er darf ganz still oder ganz bunt sein. Er gehört nur dir.

4.2 Entwirf eine Verpackung für das, was (noch) zu viel ist

Manche Erinnerungen sind schwer. Sie tauchen auf, wenn man sie nicht erwartet, oder machen sich breit, obwohl man gerade keinen Platz für sie hat.

In dieser Übung darfst du eine Verpackung gestalten:
Eine Schachtel, einen Behälter, einen Ort, an dem du belastende Gedanken oder Erinnerungen vorübergehend ablegen darfst. Sie sind dort sicher aufbewahrt, bis du bereit bist, dich ihnen zuzuwenden.

Gestaltungsimpulse:

- Wie groß ist diese Schachtel? So klein, dass sie in deine Hand passt? Oder größer, mit viel Raum?
- Welche Form passt? Eckig und stabil? Rund und weich? Mit Deckel, mit Schloss, mit Reißverschluss?
- Wie sieht die Oberfläche aus? Schlicht oder bunt? Neutral oder mit Warnfarbe? Dürfen Muster oder Text darauf sein?
- Was steht auf dem Etikett, nur für dich: ein Symbol, ein Wort, ein Code? Oder ist es ganz ohne Beschriftung?
- Gibt es eine Klappe oder ein Fenster?

Vielleicht gestaltest du auch das Innenleben: mit mehreren Fächern oder einer kleinen Botschaft, die dich erinnert: „Ich darf mir Zeit lassen."

Hinweis für dich:
Du musst die Schachtel nicht mit Inhalt füllen, wenn du das nicht willst. Allein ihre Gestaltung kann dir helfen, innerlich etwas zu ordnen.
Du darfst sie später aufklappen (vielleicht mit Unterstützung) oder auch verschlossen lassen.

Was hat das mit Kommunikationsdesign zu tun?
Im Verpackungsdesign geht es nicht nur darum, Dinge schön zu verpacken, sondern sie sichtbar zu machen, zu schützen, zu ordnen oder mit einer bestimmten Botschaft zu versehen. Verpackungen sagen oft: „Das ist wertvoll“, „Das braucht Schutz“ oder „Das ist bereit, geöffnet zu werden“.

Diese gestalterischen Funktionen kannst du auch auf deine inneren Themen übertragen. Die Schachtel, die du gestaltest, wird zum symbolischen Behälter für etwas, das momentan (noch) zu viel ist. Durch Form, Farbe, Struktur oder Etikett kannst du entscheiden, wie du damit umgehen willst:

- sichtbar machen oder schützen,
- verschließen oder bereitstellen,
- beschriften oder ganz neutral halten.

DU DARFST AUSPROBIEREN

Teil A: Deine Verpackung bekommt eine Form

Hier hast du nun Platz, um erste Skizzen oder Ideen zu sammeln. Du kannst auf dieser Seite zeichnen, schreiben, kleben oder mit Farbe arbeiten – ganz so, wie es für dich stimmig ist.

Teil B: Bau dir deinen eigenen Mini-Prototyp

Auf der rechten Seite findest du eine einfache Vorlage für eine klassische Schachtel zum Ausschneiden.
Damit kannst du deine Verpackung auch ganz real falten und zusammenbauen.

Was ist ein Prototyp?
Ein Prototyp ist im Design ein Modell oder Entwurf, mit dem man eine Idee in die sichtbare und greifbare Form bringt.
Er muss nicht perfekt werden – im Gegenteil: Prototypen dürfen spielerisch, unvollständig oder ganz einfach sein.

Sie helfen dabei, etwas auszuprobieren, um ein besseres Gefühl dafür zu bekommen, ob es funktioniert wie gewünscht.
Auch hier gilt: Du darfst es verändern. Es darf unfertig bleiben. Du darfst es wachsen lassen.

Wenn du Lust hast, kannst du auch anderes Bastelmaterial nutzen, um deinen Entwurf als Prototyp umzusetzen.

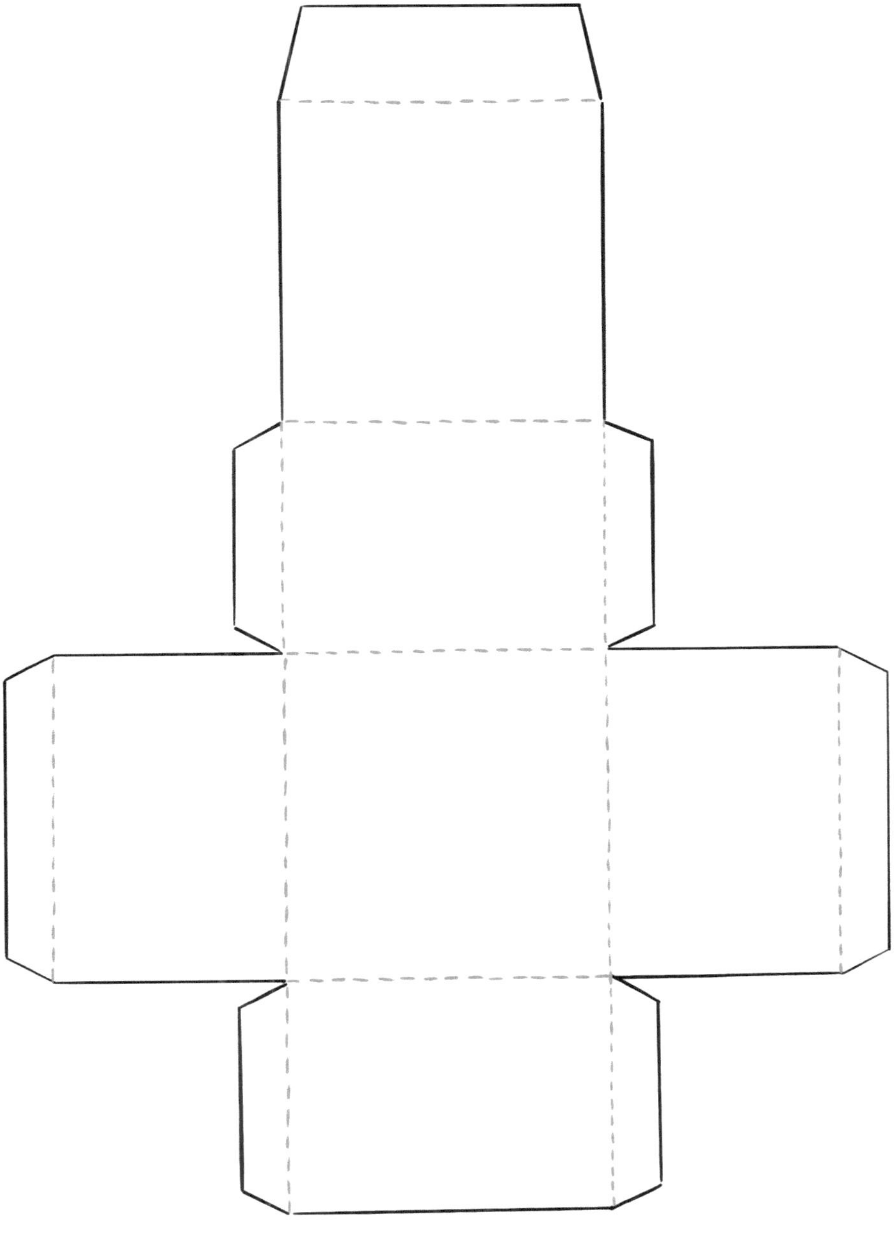

Mini Impuls: Richtung finden

Zeichne einen Pfeil, der zeigt, wie du heute weitergehen möchtest – groß oder klein, wie es passt. Probiere mehrere Varianten aus um herauszufinden, was sich richtig anfühlt.

4.3 Du kannst dich hier ausruhen

Auf den nächsten Seiten brauchst du nichts tun. Keine Aufgabe, keine Übung.

Vielleicht magst du:

- die Augen offen lassen,
- auf die Farben schauen ,
- ein Stück Papier berühren,
- den Atem beobachten,
- einfach kurz da sein.

Auch im Design braucht es Pausen.
Leerräume schaffen Orientierung. Weißraum gibt Luft. Ein Kreis kann Ruhe ausstrahlen – weil er keinen Anfang und kein Ende hat. Wiederholungen können beruhigen.

Gestaltung funktioniert nicht nur durch Inhalt, sondern auch durch Stille. Hier gilt: Du musst nichts füllen. Diese Seite darf leer bleiben. Oder langsam mit dir wachsen.

Auch Pausen sind Fortschritt.

Manches wächst im Stillen.

4.4 Sicherheit in Formen gedacht: Ein kleiner kreativer Impuls für visuelle Menschen

Wenn Sicherheit eine Form wäre, welche wäre das?

- Eine Spirale, die dich einhüllt?
- Ein Kreis: geschützt, weich, ganz?
- Ein Quadrat: stabil, geordnet?
- Eine freie, fließende Wolke?

Du darfst die Form aufmalen.
Vielleicht kombinierst du sie mit Farben, Mustern, Flächen.
Vielleicht wiederholst du sie, wie eine visuelle Affirmation.

Vielleicht magst du deine Designentscheidung auch begründen.

Mini Impuls: Deine Alltagslinie

Ziehe eine kleine Linie, die dein Heute beschreibt (z. B. schwungvoll, unterbrochen, gerade). Lass sie so stehen, ohne zu bewerten.

4.5 Wie Gestaltung Abstand erfahrbar machen kann

Diese Seite lädt nicht nur zum Malen ein, sie ist auch eine kleine Übung in visueller Kommunikation: Wie kann man durch Gestaltung etwas vermitteln, das sich schwer in Worte fassen lässt? Wie kann man das Unsichtbare, wie wie Überforderung, Schutzbedürfnis oder emotionale Distanz, sichtbar und spürbar machen?

Design-Idee:
Gestalte diese Seite wie einen Kommunikationsraum mit „Filter". Etwas das Abstand schafft zu den Dingen, die gerade zu laut oder zu viel sind. Stell dir vor, du gestaltest eine Oberfläche, die kommuniziert:
„Hier ist ein Zwischenraum. Hier ist Schutz. Etwas dazwischen, das abfängt. Das Dinge leiser und weniger bedrohlich macht."

Welche gestalterischen Mittel helfen dir dabei?
- Farbe (z. B. ein weiches Grau oder Pastellblau)
- Transparenz (z. B. durch Schichten, Papierlagen, Washi-Tape)
- Wiederholung (z. B. sanfte Linien, Kreise, Muster)
- Leerraum (etwas darf unausgefüllt bleiben)
- Typografie (z. B. ein Wort, das leise wirkt – mit Abstand gesetzt oder halb verdeckt)

Gestaltungsimpuls:
Kommunikationsdesign heißt, Bedeutung spürbar und sichtbar zu machen. Wenn du diese Seite gestaltest, kommunizierst du auf visuelle Weise mit dir selbst. In dieser Übung geht es nicht darum, Belastendes zu benennen oder darzustellen, sondern darum, etwas zu gestalten, das dich schützt.
Etwas, das die Dinge abmildert, einen Puffer schafft, Raum zum Atmen gibt.
Eine visuelle Oberfläche, die sagt:
„Das ist mein Abstand. Das ist mein Schutzraum."
Gestalte in deinem Tempo - mit Linien, Formen, Farben, Flächen.

FÜNF

SELBST-MITGEFÜHL UND VERBINDUNG

Verbindung entsteht, wenn du spürst:
Du bist nicht allein.
Selbstmitgefühl bedeutet, dich anzunehmen und freundlich mit dir zu sein – genau so, wie du gerade bist.

Wenn du dich langsam wieder dir selbst zuwenden kannst oder es zumindest mal versuchen möchtest

Manchmal ist es leichter, auf Abstand zu bleiben.
Sich nicht zu spüren. Nichts zu fühlen.
Weil da auch Scham ist. Oder Traurigkeit. Oder etwas, das zu nah kommt.

Selbstmitgefühl braucht Mut. Und Sicherheit.
Manchmal reicht schon ein kleiner Moment, in dem du dich selbst siehst, oder spürst: „Ich bin okay."

Dieses Kapitel lädt dich ein, genau das auszuprobieren.
Nicht mit Erklärungen, sondern mit Gestaltung.
Mit Farben, Formen, Wiederholungen.
Mit Sätzen, die du nicht glauben musst, aber darfst.
Mit Bildern, die halten statt fordern.
Mit stillen Übungen, die keine Antwort brauchen.

Die Gestaltung hier ist Teil der Einladung:
zarte Typografie, die dich näherkommen lässt.
Oberflächen, die berührt werden dürfen.
Linien, die dich begleiten – nicht festhalten.
Farben, die dich erinnern: Du bist da.

Du kannst schauen. Streichen. Einkreisen. Schreiben.
Oder einfach nur blättern.

5.1 Was gibt dir Halt?

Diese Seite ist ein Ort für dich.

Hier darf alles Platz finden, was dir Halt gibt.
Innen und außen.

Du kannst:

- innere haltgebende Faktoren gestalten: mit Farben, Formen, Spuren oder einem Satz oder einem Gedanken, der dich stärkt. Deine Stärken, Ressourcen und Fähigkeiten ganz vereinfacht darstellen.
- äußere haltgebende Faktoren gestalten: Was darf um dich sein, das schützt, wärmt, tröstet oder trägt? Etwas, das nach Halt aussieht, ohne dich einzuengen? Eine Decke, ein Licht, eine Linie. Ein Ort, jemand oder etwas.

Es muss nichts Schönes entstehen, nur etwas, das heute gut tut.

ICH

5.2 Wachstum sichtbar machen

Teil A: Etwas wachsen lassen

Siehst du die Punkte am unteren Rand der Seite? Stell dir vor, es sind Samen. Gestalte daraus etwas, das wachsen darf. Ganz langsam, so wie es sich richtig anfühlt.
Du darfst aufhören, wann du willst. Du darfst es später weiterwachsen lassen. Es kann nach oben wachsen und nach unten Wurzeln bilden. Es muss nicht heute fertig werden. Manche Dinge brauchen Zeit, um sich zu entwickeln. Was könnte entstehen?

Du kannst mit Formen, Farben und Mustern gestalten.

DU ENTSCHEIDEST,
WAS ENTSTEHEN
DARF

Teil B: Ein Wort wachsen lassen

Wähle ein Wort, das sich für dich gut anfühlt oder wichtig ist. Etwas, das stärker und größer werden darf.
Zum Beispiel: Mut – Hoffnung – Vertrauen – Freiraum – Sicherheit.
Oder ein eigenes, das heute zu dir passt.
Jetzt kannst du mit diesem Wort typografisch gestalten, also mit Schrift formen, betonen, verändern.

Hier ein paar Ideen, wie du das Wort wachsen lassen kannst:

- Beginne klein: Schreibe den ersten Buchstaben klein und lasse jeden weiteren größer werden. So entsteht ein sichtbares „Wachsen" im Wort.

- Spiele mit der Schriftart: Schreibe das Wort mehrmals, erst in einer ruhigen, dann in einer kraftvollen Schriftart. Was verändert sich?

- Verändere den Abstand: Setze die Buchstaben zuerst eng nebeneinander, dann mit immer mehr Abstand.

- Richte das Wort unterschiedlich aus: Schreibe es senkrecht, diagonal oder in einem Bogen. Beobachte, wie das deine Wahrnehmung beeinflusst.

- Kombiniere Schrift mit Linie oder Form: Umrahme dein Wort, ziehe eine Linie darunter oder füge einen Punkt hinzu. Was lässt es stärker oder größer wirken?

Du darfst verschiedene Varianten ausprobieren oder eine einzige entstehen lassen. Du entscheidest, was für dich passt und was deinem Wort mehr Größe und Kraft verleiht.

WAS SPÜRST DU GERADE?

5.3 Zart & kraftvoll: Eine Übung zu Gegensätzen und Balance

Farben kommunizieren Bedeutung. Im Kommunikationsdesign setzen wir sie gezielt ein, um Stimmungen zu erzeugen, Inhalte zu strukturieren und Aufmerksamkeit zu lenken. Manche Farben wirken dominant, energiegeladen, präsent. Andere erscheinen zurückhaltend, ruhig oder sensibel. In ihrer Kombination entsteht nicht nur visuelle Spannung, sondern auch Raum für Beziehung und Resonanz.

Dein gestalterischer Impuls:
Wähle zwei Farben:

- eine, die für dich Stärke, Präsenz oder Klarheit verkörpert
- eine, die für dich eher Weichheit, Verletzlichkeit oder Zurückhaltung ausdrückt

Gestalte eine Seite, auf der diese beiden Farben einander begegnen. Du entscheidest, wie diese Beziehung sichtbar wird:

- als Nebeneinander: zwei Pole im Gleichgewicht oder Kontrast,
- als Verlauf: sanftes Ineinanderfließen,
- als Formen: zwei Elemente, die sich umkreisen, überlagern oder abgrenzen,
- oder ganz frei: kraftvoll, dynamisch, experimentell.

Beobachte:
Welche Farbe dominiert? Wo entsteht Spannung oder Ruhe? Wie verändert sich die Wirkung durch Größe, Nähe oder Kontrast? Was passiert, wenn beide gleich viel Raum bekommen? Wie kann Balance entstehen?

Diese Übung lädt dich ein, die gestalterische Kraft von Farbe bewusst einzusetzen, nicht nur als Ausdrucksmittel, sondern als Werkzeug zur Selbstwahrnehmung, zur Balance und zur visuellen Kommunikation mit dir selbst.

5.4 Verbindung in Buchstaben spüren

Gestalte das Wort „Verbindung“, so wie es sich für dich anfühlt.

Du musst nichts Schönes entwerfen. Du darfst einfach ausprobieren, wie sich Verbindung zeigen könnte, in Schrift, in Linie, in Bewegung.

Vorschläge zum Ausprobieren:

- Schreibe das Wort mehrmals: groß, klein, eng, weit.
- Verbinde die Buchstaben mit Linien, Bögen, Fäden.
- Lass Buchstaben näher rücken oder auseinanderdriften.
- Du kannst einzelne Buchstaben umarmen, anlehnen, verschmelzen lassen oder nur einen Buchstaben betonen.

Impulse:

- Wie sieht Verbindung für dich aus? Wie lässt sich das am besten durch Typografie darstellen?
- Gibt es Buchstaben, die sich festhalten? Oder welche, die lieber Abstand halten?
- Welche Schrift fühlt sich weich an? Welche hart?

VERBINDUNG

5.5 Ein Logo für dich selbst

Du bist so viel mehr als das, was dir passiert ist.

Ein Logo ist ein Zeichen. Etwas Kleines, das auf etwas Größeres hinweist. Firmen nutzen Logos, um zu zeigen, wofür sie stehen. Aber auch du darfst dir ein eigenes Zeichen geben. Nicht als Marke. Nicht, um dich zu erklären. Sondern als Erinnerung:
„Ich bin mehr als meine Geschichte. Ich bin auch das, was ich liebe. Ich bin auch das, was ich kann. Was ich spüre. Was mir wichtig ist."

Was könnte dein Logo zeigen?

- eine Form, die zu dir passt
- eine Farbe, die dich stärkt
- ein Symbol für etwas, das dich begeistert
- eine Linie für deine Bewegung
- einen Buchstaben, ein Muster, ein Gefühl

Du brauchst nichts Großes. Nur eine Idee, die sich richtig anfühlt.
Du kannst zeichnen, kleben, skizzieren.
Es geht nicht um schön.
Es geht darum, dass es deins ist.

ES MUSS NICHT PERFEKT WERDEN

5.6 Typo-Collage: Wortbilder

Manchmal sagen andere schon, was wir selbst nicht finden. Hier darfst du dir deine eigenen Sätze zusammensetzen, auch wenn sie bruchstückhaft bleiben.

1. Suche dir Worte.

Blättere durch alte Zeitschriften, Werbezettel, Bücher oder Verpackungen.
Schneide Worte oder einzelne Buchstaben aus, die dich ansprechen.
Es müssen keine „schönen" Wörter sein, sondern solche, die etwas mit dir machen. Sie dürfen weich, stark, absurd, still oder laut sein.

2. Lege sie neu zusammen.

Auf dieser Seite kannst du sie neu anordnen:

- zu einem Satz,
- zu einem offenen Feld,
- zu einem Fragment, das sich nach dir anfühlt.

Du kannst Wörter kombinieren, verdrehen, ergänzen oder einfach nebeneinander legen.

Es darf wild werden. Oder ruhig. Bunt oder schwarz-weiß. Unfertig ist okay.

5.7 Gestalte ein Plakat: Was brauchst du heute?

Diese Seite ist deine Bühne: für eine klare visuelle Botschaft an dich selbst. Du darfst hier gestalten, ohne viel erklären zu müssen. Nicht für andere. Nur für dich. Ein Zeichen. Eine Farbe. Ein Wort. Ein Muster. Etwas, das ausdrückt, wie dein Tag ist, oder was du brauchst, damit er leichter wird.

So kannst du vorgehen:
Wähle dein Plakatformat. A4 oder A5, oder auch viel größer, hochkant oder quer – je nachdem, was dir gerade entspricht. Finde deinen Ausdruck für heute.

Was passt zu deinem Tempo, deiner Stimmung, deinem Wunsch?

- ein einzelnes Wort (weich, langsamer, Ruhe, Stopp)
- ein Muster aus Punkten, Linien oder Kästchen
- ein Farbverlauf oder eine Fläche
- eine Leerstelle

Gestalte reduziert:
Es geht nicht um ein „Kunstwerk", sondern um Klarheit. Du kannst z. B. mit nur einer Farbe arbeiten oder mit viel Weißraum. Auch ein einzelner Schriftzug in ruhiger Typo kann dein Plakat sein.

Auf der nächsten Seite ist Platz dafür (einmal umblättern).

Was ist Plakatdesign?

Plakatdesign ist eine Form der visuellen Kommunikation.
Ein Plakat will etwas mitteilen, mit möglichst wenigen Mitteln, aber starker Wirkung. In der Öffentlichkeit muss ein Plakat schnell erfassbar sein.
In deinem Workbook kann es eine visuelle Botschaft an dich selbst werden.

Was macht ein gutes Plakat aus?

- **Klarheit:**
  Es gibt ein zentrales Element oder eine Aussage – nicht zu viel auf einmal.
- **Kontrast:**
  Farb- oder Formunterschiede helfen, Wichtiges hervorzuheben.
- **Rhythmus & Ordnung:**
  Durch Raster, Linien oder Freiraum wirkt es ruhig und lesbar.
- **Typografie:**
  Die Schrift vermittelt Stimmung – groß, leise, eng gesetzt oder weit.
- **Fläche:**
  Weißraum oder Farbe ist Teil der Gestaltung, nicht nur Dekoration.

Plakatgestaltung in deinem Workbook

Wenn du ein Plakat in deinem Workbook gestaltest, geht es nicht um Werbung, sondern darum, dir selbst eine klare, gestalterische Rückmeldung zu geben.

- Was willst du dir sagen?
- Wie würdest du das grafisch gestalten?

Ob mit Typografie, Fläche, Farbe oder Form – du nutzt Designprinzipien, um etwas auszudrücken, das oft schwer in Worte zu fassen ist: Ruhe, Bedürfnis, Grenze, Halt, Wunsch.

Tipp: Auch ein leeres Blatt mit einem einzigen Punkt in der Mitte kann ein Plakat sein, wenn es genau das ist, was du gerade brauchst.

5.8 Entwirf dein Magazin-Cover

Stell dir vor, es gäbe ein Magazin, das nur für dich gemacht ist. Eine Ausgabe, die dich stärkt. Die zeigt, was dir Kraft gibt.

Du darfst auf dieser Seite ein Cover für dein persönliches „Strength-Magazin" gestalten. Nutze gerne das Raster auf der rechten Seite als Vorlage. Du kannst ein Titelbild gestalten und Schlagzeilen einfügen, die das zeigen, was dir Kraft und Energie gibt. Das können Worte, Farben, Formen, Gedanken, Menschen, Tiere oder Orte sein. Du darfst ernst sein oder verspielt. Oder etwas ganz anderes.

Kommunikationsdesign: Das Magazin-Cover
Ein Magazin-Cover ist mehr als nur eine hübsche Vorderseite. Es ist die Einladung zum Inhalt. Es zeigt, worum es geht und worauf der Fokus liegt.

Im Kommunikationsdesign arbeiten wir auf Covern oft mit:

- Titel und Untertitel
- Schlagzeilen/Headlines
- Bildelementen/Symbolen
- Typografie & Layout-Raster: Ein Layoutraster ist ein unsichtbares Ordnungssystem aus Linien und Spalten, das hilft, Texte, Bilder und Gestaltungselemente auf einer Seite übersichtlich und harmonisch anzuordnen.
- Kontrasten und Weißraum

Auch dein Cover kann das alles enthalten oder nur einen Teil davon.
Wichtig ist: Es erzählt etwas über dich. Über das, was dir heute Kraft gibt.

Ausgabe 01

STRENGTH

Das Magazin

SECHS

RÜCKKEHR IN DEN ALLTAG

Ein leiser Übergang – vom geschützten Innenraum zurück ins Außen. Nicht als Abbruch, sondern als Weitergehen. Ein Zwischenraum, in dem du dich neu sortieren darfst. Diese Seiten begleiten dich beim Ankommen, in deinem Tempo.

Wenn du bereit bist, ein kleines Stück weiterzugehen

Vielleicht ist es etwas ruhiger in dir geworden.
Vielleicht bist du einfach müde.
Oder durcheinander. Oder leer.
Alles, was jetzt da ist, darf da sein.

Diese Seiten begleiten dich beim Zurückkommen –
nicht ins Funktionieren, nicht in ein „Weiter wie vorher",
sondern in deinen eigenen nächsten Schritt.
Ganz langsam, wie nach einem Tauchgang.
Wie wenn das Licht sich wieder verändert.
Wie wenn du kurz blinzelst und merkst: Ich bin wieder hier.

Diese Seiten helfen dir dabei, wieder im Alltag anzukommen –
mit klaren Formen, viel Raum, kleinen Ankern.
Mit Sätzen, die dich daran erinnern,
dass du dich nicht beeilen und nicht erklären musst.

6.1 Kleine Übergangsrituale

Nach einem Flashback oder dissoziativen Zuständen kann es hilfreich sein, den Wechsel zurück in den Alltag bewusst zu gestalten.

Vielleicht bist du schon wieder im Hier und Jetzt.
Vielleicht ist der Körper wieder spürbar, der Blick etwas klarer.
Und doch fühlt sich der Alltag manchmal noch einen Schritt entfernt an.

Ein paar einfache, kleine Handlungen können diesen Übergang sanft unterstützen.
Sie müssen nichts verändern, aber sie können helfen, dranzubleiben.
Bei dir. In der Gegenwart. Im Machbaren.

Was dir helfen kann:

- **Etwas trinken**: Ein Glas Wasser oder Tee trinken. Nicht aus Routine, sondern mit Aufmerksamkeit. Temperatur, Geschmack – nimm all das bewusst wahr. Es ist ein körperlicher Schritt zurück in den Alltag.

- **Wasser über die Hände laufen lassen**: Warm oder kühl, so wie es dir angenehm ist. Das Wasser spüren. Den Kontakt zur Haut. Ein ruhiger, vertrauter Ablauf, der Orientierung gibt und stabilisieren kann.

- **Ein paar Schritte gehen:** Nicht weit. Nicht schnell. Nur bewegen. Wenn nötig, einfach aufstehen, um den nächsten Punkt zu erreichen oder um das Sitzgefühl zu verändern.

- **Licht oder Luft verändern**: Einen Vorhang aufziehen. Ein Fenster öffnen. Die Umgebung leicht verändern. Das unterstützt die innere Umstellung – sanft, aber spürbar.

6.2 Album-Cover:Zurück ins Jetzt

Welche Musik passt gerade zu dir? Gibt es ein Lied, das dich heute begleitet und dir hilft, ganz präsent zu sein? Vielleicht magst du es einschalten.

Deine Aufgabe:

- Gestalte ein Album-Cover mit dem Titel „Zurück ins Jetzt".
- Du kannst Linien, Farben, Wörter oder Formen verwenden, ganz so wie es sich für dich stimmig anfühlt.
  Welche Farben stehen für dich für „heute"?
- Welche Formen oder Muster passen gut, um den Titel visuell darzustellen?

6.3 Anker für später

Was erinnert dich daran, dass du heute weitergekommen bist?

- ein Duft, den du magst
- ein kleiner Stein in der Tasche
- ein Satz aus dem Buch
- ein Musikstück, das dich stärkt
- ein Stoff oder Schal
- eine Farbe, die dir heute gutgetan hat
- ein Symbol (Kreis, Punkt, Linie)
- ein Gegenstand, den du berühren kannst
- ein Foto oder Bild, das du gern ansiehst

Vielleicht magst du eine eigene Ankerliste gestalten oder dir eine kleine Kiste oder Mappe dafür anlegen.

JEDER SCHRITT ZÄHLT

Mini Impuls: Ein Wort als Kompass

Spüre einen Moment in dich hinein: Welches Wort fühlt sich gerade stimmig an? Schreibe es dann bewusst in die Mitte deiner Seite, so wie es für dich passt – vielleicht klar und schlicht, vielleicht schwungvoll oder betont groß. Nimm dir Zeit, das Wort zu betrachten, als wäre es ein innerer Kompass, der dir Richtung gibt. Du kannst das Wort jederzeit wiederholen, verzieren oder ergänzen, wenn es dir Halt gibt. Lass es zu einem Anker werden, der dich sanft daran erinnert, wohin du dich im Moment ausrichten möchtest.

Mini Impuls: Alltagsmuster

Denke an ein Muster, das du oft siehst (Fliesen, Holzmaserung, Stoff).

Skizziere ein Detail davon.

Du darfst dir Zeit lassen.

Dein Wert hängt nicht
von deinem Tempo ab.

Glossar

Anschnitt
Ein Bereich, der über den eigentlichen Seitenrand hinausgeht. Wird im Druck genutzt, um randabfallende Elemente sauber schneiden zu können.

Baseline (Grundlinie)
Die gedachte Linie, auf der Buchstaben „sitzen“. Wichtig für einheitliche Textausrichtung.

Bauhaus
1919 gegründete Schule für Gestaltung, die Design, Kunst und Handwerk verbinden wollte. Charakteristisch: klare Formen, reduzierte Typografie, funktionale Gestaltung. Das Bauhaus prägt das Kommunikationsdesign bis heute.

Bildmarke
Ein grafisches Zeichen (ohne Schrift), das Teil eines Logos oder Corporate Designs ist.

Blocksatz
Textausrichtung, bei der der Text links und rechts bündig verläuft. Führt zu gleichmäßigen Rändern, erfordert aber sorgfältiges Wort- und Zeichenabstand-Management.

Briefing
Eine Aufgabenstellung oder Konzeptbeschreibung, die Grundlage für einen Designprozess bildet.

CI/CD (Corporate Identity/Corporate Design)
Die visuelle Identität eines Unternehmens (Farben, Schriften, Logo etc.), die zur Wiedererkennung beiträgt.

Farbklima
Die Gesamtwirkung von Farben in einer Gestaltung, z. B. ruhig, warm, kühl oder kontrastreich.

Farbwirkung
Wie Farben auf Menschen emotional, kulturell oder psychologisch wirken. Im Design gezielt einsetzbar.

Flat Design
Ein Designstil ohne räumliche Tiefe, Schatten oder Verläufe: reduziert, klar, modern.

Gestaltungsraster
Ein unsichtbares Layoutgerüst aus Spalten und Zeilen, das hilft, Inhalte strukturiert und ausgewogen zu platzieren.

Hierarchie
Die gestalterische Ordnung, die zeigt, was zuerst ins Auge fallen soll. Erreicht durch Größe, Gewicht, Farbe oder Platzierung.

Icon/Piktogramm
Eine reduzierte, symbolhafte Darstellung für Informationen, Handlungen oder Zustände. Dient der schnellen Orientierung.

Kerning
Der individuelle Abstand zwischen zwei Buchstaben. Kann angepasst werden, um die Lesbarkeit zu optimieren.

Kontrast
Unterschiede zwischen Gestaltungselementen (z. B. hell/dunkel, groß/klein, dick/dünn). Ein zentrales Prinzip für Klarheit und Spannung.

Layout
Die visuelle Anordnung aller Elemente auf einer Seite, also das Zusammenspiel von Text, Bild, Weißraum etc.

Leserichtung
Die erwartete Blickführung einer Seite, meist von oben nach unten und links nach rechts. Gutes Design unterstützt die Leserichtung intuitiv.

Ligatur
Zwei Buchstaben, die typografisch zu einem Zeichen verbunden sind. Dient der harmonischen Darstellung.

Majuskel/Minuskel
Großbuchstaben (Majuskeln) und Kleinbuchstaben (Minuskeln).

Negativraum (Weißraum)
Unbedruckte Fläche im Layout, die nicht „leer“ ist, sondern aktiv zur Lesbarkeit und Ruhe beiträgt.

Punktraster
Ein Raster aus Punkten, oft als leichtere Alternative zu kariertem Papier genutzt. Im Design hilfreich für Skizzen, Struktur oder Komposition.

Sans Serif/Serifenschrift
Schriften ohne (Sans Serif) bzw. mit (Serif) kleinen „Füßchen“ an den Buchstabenenden. Serifen wirken oft klassisch, Sans Serif modern.

Typografie
Die Kunst und Technik des Schriftsatzes. Beschäftigt sich mit Lesbarkeit, Form, Rhythmus und Ausdruck von Schrift.

Vektorgrafik
Eine skalierbare Grafik (z. B. Logo), die aus Pfaden besteht. Im Gegensatz zu Pixelbildern bleibt sie beim Vergrößern gestochen scharf.

Visuelle Sprache
Die „Sprache" der Gestaltungselemente (Farbe, Form, Schrift, Bild), über die Inhalte und Emotionen vermittelt werden.

Mini Impuls: Schriftgefühle

Schreibe ein Wort, das du in den Alltag mitnehmen möchtest, in einer Schriftart, die zu deiner Stimmung passt.

DU ENTSCHEIDEST,
WAS ALS NÄCHSTES
PASSIERT

DU KANNST
STOLZ AUF
DICH SEIN

Bonus: Reflexionsfragen für dich

Die freien Seiten in diesem Buch kannst du nutzen, um dir noch mehr Zeit für dich zu nehmen. Die Fragen laden dich ein, dich besser kennenzulernen, deine eigenen Ressourcen zu entdecken und bewusster wahrzunehmen. Es gibt kein Richtig oder Falsch: Alles, was dir in den Sinn kommt, darf Platz finden. Antworten kannst du so, wie es sich für dich gut anfühlt – in Worten, Zeichnungen, Listen oder kleinen Skizzen.

- Was fühlt sich heute klein und machbar an?
- Was gibt dir im Alltag Orientierung?
- Welche drei Dinge sind dir in dieser Woche gut gelungen?
- Wenn du eine Linie zeichnen würdest, die heute zu dir passt – wie sähe sie aus?
- Was bedeutet „Halt" für dich im Moment?
- Wer oder was unterstützt dich im Alltag, auch wenn es nur ein kleines Detail ist?
- Welche Geräusche oder Musik lassen dich aufatmen?
- Wenn dein Körper sprechen könnte, was würde er dir freundlich sagen wollen?
- Wenn du dir einen Satz als Begleiter aufschreiben könntest, wie würde er lauten?
- Wenn du an deine Zukunft denkst, was wünschst du dir für sie?
- Welche Farben tun dir heute gut?
- Wo spürst du im Moment am meisten Ruhe?
- Gibt es etwas, das dich heute zum Lächeln gebracht hat?
- Wie würdest du „Pause" zeichnen oder beschreiben?
- Gibt es einen Gegenstand, der dir Sicherheit gibt?
- Welches Wort klingt für dich im Moment wohltuend?
- Welche Bewegung bringt dich in Balance – auch wenn es nur eine kleine ist?
- Gibt es etwas, das dich heute neugierig macht?

PLATZ FÜR DICH

Mini Impuls: Kleine Zukunftspläne

Zeichne ein Quadrat oder einen Rahmen auf die Seite und schreibe hinein, worauf du dich in den nächsten 24 Stunden freust. Du kannst auch hier alternativ versuchen, kleine Piktogramme dafür zu gestalten.

HIER &
JETZT